En plats där ginstens doft berusar själen

En plats där ginstens doft berusar själen

En sonettkrans

Gustaf Berglund

BoD Förlag

© 2019 Gustaf Berglund
Förlag: BoD – Books on Demand, Stockholm, Sverige
Tryck: BoD – Books on Demand, Norderstedt, Tyskland
ISBN: 9789174636949

Till Greta Thunberg

I.

Vi har nog var och en ett kärt Provence,
om än det inte finns på någon karta.
Hur lätt som helst kan resan dit vi starta
närhelst vi vill. Jag sätter mig nånstans

där vardagsstöket inte förmår dölja
ett sydfranskt, soldränkt landskap för mitt öga.
Att stanna kvar i stöket båtar föga.
Jag reser mig ur gräset för att följa

en stig som makligt slingrar ner mot byn.
Jag hör hur tuppar gal. Nu skäller hundar
som hör mig vandra genom deras lundar.

Men utan störningar är ej min syn:
En märklig blindhet gör att blicken bommar
ett inre landskap där lavendeln blommar.

II.

Ett inre landskap där lavendeln blommar,
så svårt att skönja; ändå strax brevé.
Men mitt i töcknet får jag plötsligt se
ruinens avskalade byggnadsstommar.

Här pressade man olja ur oliv.
En kort säsong, men livsviktig för trakten
långt innan tillväxtkrämarna tog makten
i bondens, ditt och mitt och allas liv.

Olivträd växer långsamt. Flera hundra
år tar det, innan oljeträdens dal
ger avkastning på insatt kapital.

Om nu de överlever, dessa lundar?
Här döms den ut, i uppvärmningens domar,
en plats där våren ständigt går mot sommar.

III.

En plats där våren ständigt går mot sommar,
så skrämmande den ter sig. Isen smälter
när grad för grad klimatbalansen välter
pladask, som barnets snurra. Läckergommar,

helt obekymrade om svälten, kräver
få njuta det de tror sig vara värda,
alltmedan Jemens barn, helt undernärda,
med tomma blickar svepningstyget väver

omkring sig. Dödlig är den, apatin
inför den meningslösa penningjakten.
(Men miljardären blir väl rik på slakten?)

Profitens grymhet kväver fantasin.
Förnekar det, som om det aldrig fanns
en plats som är vår längtan till nånstans.

IV.

En plats som är vår längtan till nånstans,
långt bortom vad vårt intellekt kan fatta.
Med sagans makt man flyger på en matta
med arabesk i mönstret, utan sans.

Nej, sagans makt är stor, men inte så.
När mattan lyft, den tappar genast luft,
punkterad av vårt sakliga förnuft.
Att mattor flyger tror ju ingen på.

Förnuftet ber oss stanna kvar på jorden,
då varje flygresa i grunden är
ett svärdshugg mot planetens atmosfär.

Man nickar, men man fattar inte orden.
Med fantasin som bränsle dock man når
en plats med näktergal i björnbärssnår.

V.

En plats med näktergal i björnbärssnår,
med ljuvlig skönsång mitt bland vassa taggar.
Den sången modersömt mitt sinne vaggar
ännu, fast snart jag fyller sjuttio år.

Men sången störs av spörsmålet som ställs:
Finns det en framtid för den här planeten?
Hur ska den sedan andas, mänskligheten,
när sista palm i Amazonas fällts?

En uppvärmning som genererar köld
i vårt mentalas minsta lilla hydda.
Förnekelsen får intellektet skydda

mot obehaglig insikt, som en sköld.
Vi saknar det, som varsamt tinar tjälen,
en plats där ginstens doft berusar själen.

VI.

En plats där ginstens doft berusar själen,
  där omöjligt blir möjligt för en stund,
där mänskan inte bara är en kund,
där kan vi vårda våra eftermälen.

Här blir jag varse att jag har en plikt.
En ivrig ängel viskar i mitt öra.
Det är trots allt nånting jag måste göra,
om än jag därmed hamnar i konflikt.

Det ekonomiska system som styr oss
ser ingen tänkbar vinst med vårt klimat.
"Men sluta nån gång med ert djävla tjat!

Vår bolagsvinst går först. Om den vi bryr oss."
Jag finner, fjärran från de snöda grälen,
en plats där andens frihet löser trälen.

VII.

En plats, där andens frihet löser trälen
från slaveriet, är konfliktorsak,
den plats där ännu romartemplets tak
bärs av kolonnerna och kapitälen.

En lastbils färd, till synes helt disträ,
ett ondsint jihadistiskt terrordåd
där gärningsmannen dräpte, utan nåd,
de firande på Promenade Anglais.

Den fjortonde i sjunde hände detta,
på årsdagen av franska rev'lutionen,
då kungahuset störtades från tronen.

Ska någon dag framöver skräcken lätta?
En dag, då alla folkslag fria står
från bojorna som tyngt i långa år?

VIII.

Från bojorna som tyngt i långa år
    till individens frihet, blev vårt motto.
Om frihet är att ha sju rätt på Lotto??
Det är nog där det ännu återstår

ett litet uns av mänskors lika värde,
där vi har lika liten chans att vinna,
om fattig eller rik, om man, om kvinna.
Vi blundar snällt för vad som är å färde:

en ekonomisk härdsmälta på gång,
där mänskovärdet mäts i vad vi äger.
För där miljoner mänskor bor i läger

finns ingen plats för fantasi och sång.
Så, även om det maktens ordning stör,
behåll ditt inre landskap, vad du gör!

IX.

Behåll ditt inre landskap, vad du gör!
Slut ögonen. Betrakta stillsamt bergen,
med den i minnet ännu druvblå färgen,
med inre blick. Glöm gatan utanför,

där pojkar, som vi aldrig släpper in
i vardagsrummens värme, hör profeter
förkunna om jihad. Vad än de heter,
får pojkarna blott ond bråd död i sinn.

Försök trots allt att genomskåda diset
av krutrök och av zalafistiskt nit,
när självmordsbältet fyllt med dynamit

sägs vara en biljett till paradiset.
Så låt dig ej till hat och vrede värvas,
låt ej din sagodröms Provence fördärvas!

X.

Låt ej din sagodröms Provence fördärvas!
Om nu flåconen med parfym från Grasse
på äkta franskt manér har gått i kras:
Så länge du kan ana minsta skärvas

lavendeldoft, åtminstone den minnas,
så har du kvar ett uns av sagodrömmen
nånstans i minnets alla dunkla gömmen.
Det som du minns, det måste ändå finnas,

visionen om ett annorlunda land.
Ett inre land, ej blott i geografin,
väl värt att minnas, ej minst för sitt vin.

Så viktigast är ändå att du kan,
i trots mot tidens täta tystnad, djärvas
berätta om det, så det sen kan ärvas.

XI.

Berätta om det, så det sen kan ärvas,
det gröna vårlandskapet som du bär
inom dig, i din tanke. Ty det är
för dyrbart att mot penningar förvärvas.

Ditt land, som lutar mot oändligt hav,
kan blott med kärlek, framtidstro betalas.
Men just nu ser vi framtidsflaggan halas
och Medelhavet blir de mångas grav.

En kuslig rädsla i det dolda lurar,
och xenofoba vindar blåser kallt.
Låt aldrig nånsin tanken göra halt

vid högerextremismens Ulbrichtmurar,
där hatets stövelknektar gör honnör.
Det finns, Provence, det väntar utanför.

XII.

Det finns, Provence, det väntar utanför
   ditt fönster, blott du drar upp rullgardinen.
Du ser de provençalska tryffelsvinen
med trynet skilja doft från slem odör.

Den växer underjordiskt, tryffelsvampen,
går ej att hitta med en ytlig blick,
så tacka snällt ditt svin för vad du fick!
Som tryffeln underjordisk såg vi kampen

vi sjöng om i vår ungdoms sjuttiotal.
En kamp som skulle bringa alla lycka,
ej blott den rikes rätt att oss förtrycka,

det var vår ungdoms höga ideal.
Låt åskan gå! Och skåda, sköljd av skuren
den röda medeltida sandstensmuren.

XIII.

Den röda medeltida sandstensmuren,
som uppförts enligt äldre ideal,
för tanken till ett elvahundratal.
Då sjöng den provençalske trubaduren

sin egenhändigt skrivna kärlekssång
till kvinnan, liknad vid en fjärran sol.
(Men ej "Var är den snö som föll i fjol?"
Den dikten skrevs av François Villon,

en rufflare på fjortonhundratalet
med näsa båd' för brott och poesi.)
Så glömd, med vår tids snäva amnesi

är nu Villon. Men diktaridealet
finns kvar: som rockstjärnan uppburen.
Men jämför inte med den inre turen.

XIV.

Men jämför inte med den inre turen
i björnbärssnår och rosafärgat vin,
en vandring där du ser i fantasin
de fridfullt idisslande kreaturen.

Minns: ingenting förändras av sig självt,
och illa balanserat vågen väger
när åtta män tillsammans mera äger
än mänsklighetens fattigaste hälft.

Den yttre verkligheten bryskt oss varnar
för katastrofen. Låt din inre tur
besjungas av en sydfransk trubadur

som till en livsnödvändig kamp oss manar
för överlevnad, fred och tolerans.
Vi har nog var och en ett kärt Provence.

XV.

Vi har nog var och en ett kärt Provence,
ett inre landskap där lavendeln blommar.
En plats där våren ständigt går mot sommar,
en plats som är vår längtan till nånstans.

En plats med näktergal i björnbärssnår,
en plats där ginstens doft berusar själen.
En plats där andens frihet löser trälen
från bojorna som tyngt i långa år.

Behåll ditt inre landskap, vad du gör!
Låt ej din sagodröms Provence fördärvas!
Berätta om det, så det sen kan ärvas.

Det finns, Provence, det väntar utanför
den röda medeltida sandstensmuren.
Men jämför inte med den inre turen!

Gustaf Berglund är född 1951 och bosatt i Leksand. Efter ett långt yrkesliv som socionom och leg psykoterapeut arbetar han nu huvudsakligen som författare och översättare. Tillsammans med sin fru Solveig Halvorsen Kåven har han översatt ett tiotal böcker i olika genrer. Detta är Gustaf Berglunds tredje diktsamling.

Andra böcker av Gustaf Berglund:

Skapande konversationer – möten med familjeterapeuter och deras idéer (medförf. Erik Abrahamsson). Mareld 1997.
Bland djäknar och mods – Västerås på 60-talet. Lars Åke Winberg förlag 1999.
Gränsövergång/Grenseovergang (medförf. Line K Dahle). Författarhuset 1999.
Creative Conversations (medförf. Erik Abrahamsson). Mareld 2000.
Psykoterapins förnyare (medförf. Erik Abrahamsson). Mareld 2007, nyutgåva på Studentlitteratur 2013.
Dantevandring. Interloquium. 2013.

Översättningar:

Nathaniel Lachenmeyer: *Outsidern*. Medikament Förlag 2002.

Peter De Jong & Insoo Kim Berg, *Lösningsbyggande samtal* (medövers. Solveig Halvorsen Kåven). Studentlitteratur 2013.

Astri Johnsen & Vigdis Wie Torsteinsson, *Lärobok i familjeterapi* (medövers. Solveig Halvorsen Kåven). Studentlitteratur 2015.

G S Diamond, G M Diamond & S M Levy, *Anknytningsbaserad familjeterapi* (medövers. Solveig Halvorsen Kåven). Studentlitteratur 2015.

J F Alexander m fl, *Funktionell familjeterapi* (medövers. Solveig Halvorsen Kåven). Studentlitteratur 2016.

Jan Reidar Stiegler, *Emotionsfokuserad terapi* (medövers. Solveig Halvorsen Kåven). Studentlitteratur 2016.

Henrik Høgh-Olesen m fl, *Modern personlighetspsykologi* (medövers. Solveig Halvorsen Kåven). Studentlitteratur 2017.

Carl Frode Tiller, *Bipersoner* (medövers. Solveig Halvorsen Kåven). Trolltrumma 2018.

Tony Rousmaniere, *Målmedveten träning för psykoterapeuter* (medövers. Solveig Halvorsen Kåven). Studentlitteratur 2019.

Dan J Siegel & Tina Payne Bryson, *Förstå ditt barns hjärna* (medövers. Solveig Halvorsen Kåven). Akademius 2019.

Besök också gärna bokbloggen www.boktipsbjorkberg.se.